BIBLIOTHEQUE
CHRÉTIENNE ET MORALE

APPROUVÉE

PAR MONSEIGNEUR L'ÉVÊQUE DE LIMOGES.

—

7ᵉ SÉRIE.

Tout exemplaire qui ne sera pas revêtu de notre griffe sera réputé contrefait et poursuivi conformément aux lois.

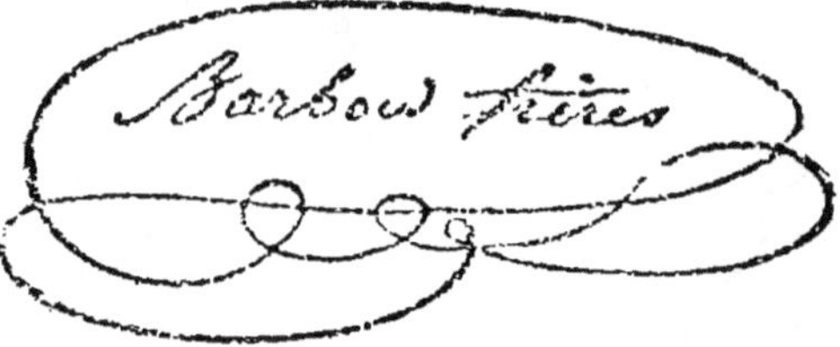

VIE DE BOSSUET

VIE

DE BOSSUET

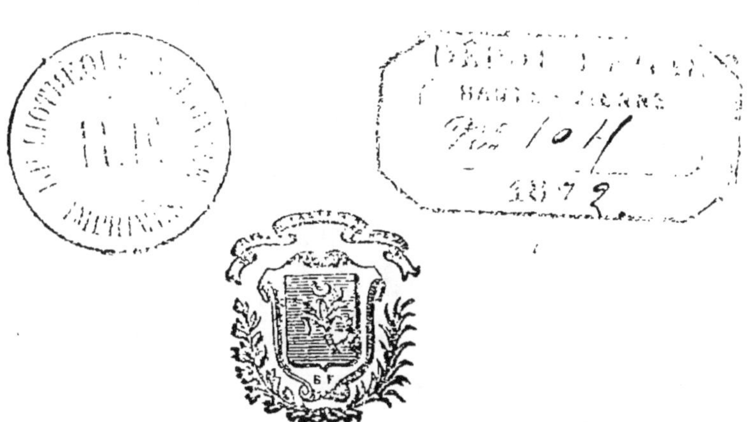

LIMOGES

BARBOU FRÈRES, IMPRIMEURS-LIBRAIRES.

VIE DE BOSSUET

Jacques-Bénigne Bossuet, issu d'une
famille de robe, noble et ancienne, na-
quit à Dijon dans la nuit du 27 au 28
septembre 1627. Il laissa voir dès son
enfance tout ce qui devait dans la suite
lui attirer l'admiration publique. Ceux
qui ont parlé de sa destination au bar-
reau et à la magistrature se sont trompés;
l'intention de ses parents était qu'il en-
trât dans l'état ecclésiastique. Il avait à
peine huit ans, lorsqu'en 1635 ils lui

firent prendre la tonsure cléricale, et à l'âge de treize ans, en 1640, il fut pourvu d'un canonicat de Metz. Quant au prétendu contrat de mariage avec mademoiselle Desvieux, il a été démontré que ce n'était qu'une fable. Elle n'avait que dix ans lorsqu'elle le vit pour la première fois, et il était déjà prêtre. Il était évêque lorsqu'elle fut en âge d'être mariée. Elle fut son amie, et cette liaison n'offrit jamais rien que de respectable.

Le jeune Bossuet fit ses premières études à Dijon. En 1642, il fut envoyé à Paris, au collège de Navarre, pour y faire sa philosophie; par la suite, il s'associa à cette maison, y fit sa licence et y prit le bonnet de docteur en 1652. De retour à Metz, où il était chanoine, il s'attacha à former son esprit et son cœur. Il s'appliqua à l'instruction des protestants, et en ramena plusieurs à la religion catholique. Ses succès eurent de l'éclat. On l'appela à Paris pour remplir les chaires les plus brillantes. La reine-mère Anne d'Autriche, son admiratrice, lui fit donner, en 1661, à l'âge de 34 ans, l'avent de la cour, et, en 1662, le carême. Le roi fut si enchanté du jeune prédicateur, qu'il fit écrire à son père, intendant de Soissons, pour le féliciter d'avoir un fils qui l'immortaliserait. Son carême en 1666, son avent en 1668, prêchés pour confirmer les nouveaux convertis, et particulièrement le maréchal de Turenne, lui valurent l'évêché de Condom. Le roi lui confia bientôt après l'éducation de monseigneur le Dauphin : il prêta le serment accoutumé le 23 septembre 1670. Un an après, il se démit de l'évêché de Condom, ne croyant pas pouvoir garder une épouse avec laquelle il ne vivait pas.

Vers cette époque, Bossuet prononça l'oraison funèbre de madame Henriette d'Angleterre, morte subitement au milieu d'une cour brillante dont elle était les délices. C'est dans ce genre d'éloquence que l'illustre orateur, profitant de l'autorité de son ministère, a fait servir les tristes trophées de la mort à l'utile instruction des vivants. Son éloquence étonne l'esprit, ravit d'admiration, arrache les larmes du sentiment ; on le voit, on l'entend déployer toute la force, toute la hauteur de son âme et de son génie, sa parole captive, maîtrise tous les esprits ; elle confond par des accents terribles la vanité des grandeurs humaines. Quel tableau de la mort dans l'éloge de la princesse dont nous venons de parler ! Après avoir rapporté le passage de l'Écriture, *omnes morimur, et quasi aquæ dilabimur in terram,* (II Reg. 14), il continue : « En effet,

» nous ressemblons tous à des eaux
» courantes. De quelque superbe dis-
» tinction que se flattent les hommes,
» ils ont tous une même origine, et cette
» origine est petite. Leurs années se
» poussent successivement comme les
» flots : ils ne cessent de s'écouler, tant
» qu'enfin, après avoir fait un peu plus
» de bruit les uns que les autres, ils
» vont tous ensemble se confondre
» dans un abîme où l'on ne reconnaît
» plus ni princes, ni rois, ni toutes ces
» autres qualités superbes qui distin-
» guent les hommes ; de même que ces
» fleuves tant vantés demeurent sans
» nom et sans gloire, mêlés dans l'océan
» avec les rivières inconnues. »

La dernière oraison funèbre que Bossuet prononça fut celle du grand Condé.
Comme il intéresse personnellement en
parlant de son âge et de ses devoirs,
sans petitesse et sans égoïsme ! « La

» véritable victoire, celle qui met sous
» nos pieds le monde entier, c'est notre
» foi (*Hæc est victoria quæ vincit mun-*
» *dum, fides nostra*). Jouissez, prince,
» de cette victoire, jouissez-en éternel-
» lement par l'immortelle vertu de ce
» sacrifice. Agréez ces derniers efforts
» d'une voix qui vous fut connue. Vous
» mettez fin à tous ces discours. Au
» lieu de déplorer la mort des autres,
» grand prince, dorénavant je veux
» apprendre de vous à rendre la mienne
» sainte. Heureux si, averti par ces
» cheveux blancs du compte que je dois
» rendre de mon administration, je ré-
» serve au troupeau que je dois nourrir
» de la parole de vie, les restes d'une
» voix qui tombe et d'une ardeur qui
» s'éteint. »

Cette mâle vigueur de ses Oraisons
funèbres, Bossuet la transporta dans
son *Discours sur l'Histoire Universelle*

composé pour son élève. On ne peut se lasser d'admirer la rapidité avec laquelle il décrit l'élévation et la chute des empires, les causes de leur progrès, et celles de leur décadence, les desseins secrets de la Providence sur les hommes, les ressorts cachés qu'elle fait jouer dans le cœur des choses humaines. C'est un spectacle des plus grands, des plus magnifiques et des plus variés que l'éloquence ait donnés à la religion et à la philosophie. Cet ouvrage est composé de trois parties : la première, qui est chronologique, renferme le système d'Ussérius; la seconde contient des réflexions sur l'Etat et la vérité de la religion; la troisième, qui est historique, comprend des remarques très-solides sur la vicissitude des monarchies anciennes et modernes. Emmanuel de Parthenay, aumônier de la duchesse de Berry, a donné de cet admirable discours une traduction latine, en 1718, sous ce titre : *Commentarii universam complectentes historiam, ab orbe condito ad Carolum Magnum; quibus accedunt series religionis et imperiorum vices.*

On trouve la même profondeur de vue dans la Politique tirée de l'Ecriture sainte. Le but de l'auteur est de renfermer dans cet ouvrage les principes d'une politique qui ait toute la majesté et toute la grandeur que doit avoir la morale de ceux qui gouvernent le monde sans avoir rien de sa corruption ordinaire. Il chercha, sans sortir de l'Evangile, de quoi former un grand prince, et l'on peut, selon les principes de ce prélat, être un excellent politique et un véritable chrétien.

Les soins que Bossuet s'était donnés pour l'éducation du Dauphin, furent récompensés par la charge de premier aumônier de madame la Dauphine, en

1680, et par l'évêché de Meaux, en 1681. Il fut honoré, en 1697, d'une charge de conseiller d'Etat ; et l'année d'après, de celle de premier aumônier de madame la duchesse de Bourgogne.

Une affaire d'éclat, à laquelle Bossuet eut beaucoup de part, fixait alors sur lui les yeux du public. Fénelon, archevêque de Cambrai, venait de publier son livre de l'Explication des Maximes des Saints sur la vie intérieure. Bossuet, qui crut voir dans cet ouvrage des restes de molinosisme, s'éleva contre lui dans des écrits réitérés. Ses ennemis attribuèrent ces productions à la jalousie que lui inspirait Fénelon, et ses amis, à son zèle contre les nouveautés. Quelques motifs qu'il eût, il fut vainqueur ; mais si sa victoire sur l'archevêque de Cambrai lui fut glorieuse, celle que Fénelon remporta sur lui-même le fut davantage. On peut juger de la vivacité avec laquelle Bossuet se montra dans cette querelle, par ce trait : « Qu'auriez-vous fait, si j'avais protégé M. de Cambrai? » lui demanda un jour Louis XIV. « — Sire, répondit Bossuet, » j'aurais crié vingt fois plus haut : » quand on défend la vérité, on est as- » suré de triompher tôt ou tard. » Il repondit au même prince, qui lui de- mandait son avis sur les spectacles. « Il » y a de grands exemples pour, et des » raisonnements invincibles contre... »

L'évêque de Meaux fut aussi zélé pour la pureté de la morale que pour celle de la foi. Le docteur Arnauld ayant fait l'apologie de la satire sur les fem- mes de Despréaux, son ami et son pané- gyriste, Bossuet décida, sans hésiter, que le docteur n'avait pas poussé la sé- vérité assez loin. Il condamna la satire en général, comme incompatible avec la religion chrétienne, et celle des fem-

més en particulier. Il déclara nettement
que celle-ci était contraire aux bonnes
mœurs, et tendait à détourner du mariage par les peintures qu'on y fait de
la corruption de cet état.

Ses mœurs étaient aussi sévères que
sa morale. Tout son temps était absorbé
par l'étude, ou par les travaux de son
ministère, prêchant, catéchisant, con-
fessant. Il ne se promenait que rare-
ment, et quand il le faisait, le plus souvent avec l'abbé Fleury, ou quelques
autres personnes de mérite, la prome-
nade se passait en entretiens savants.
Son jardinier lui dit un jour : « Si je
» plantais des saint Augustin et des
» saint Chrysostôme, vous les viendriez
» voir ; mais pour vos arbres vous ne
» vous en souciez guère. » On l'a ac-
cusé de n'avoir point eu assez d'art dans
les controverses pour cacher sa supério-
rité aux autres. Il était impérieux dans

la dispute; mais il n'était point blessé qu'on y mit la même ardeur que lui. Ce grand homme fut enlevé de son diocèse, à la France et à l'Eglise en 1704, à l'âge de soixante-dix-sept ans.

On commença à donner en 1745 une *Collection des ouvrages de Bossuet*, en 12 vol. in-4°. Les Bénédictins de Saint-Maure en firent paraître un autre où percent l'esprit de parti et l'attachement à une doctrine condamnée. L'assemblée de 1780 l'improuva et en porta à M. le garde des sceaux des plaintes qui firent arrêter l'édition. Cette même édition fut blâmée et rejetée par le clergé de France dans son assemblée de la même année.

Voici ce que contient l'édition de 1745. Les deux premiers volumes sont consacrés aux œuvres de Bossuet sur l'Ecriture sainte; on y trouve aussi le catéchisme de son diocèse et des prières. Le 5ᵉ renferme l'*Exposition de la doc *trine catholique*, ouvrage qui opéra la conversion du grand Turenne, avec l'avertissement et les approbations données à ce livre; et l'*Histoire des églises protestantes*, un des écrits de controverse auquel les luthériens et les calvinistes ont eu plus de peine à répondre, et auquel il était impossible de rien opposer de satisfaisant. Le 4e contient la *Défense de l'Histoire des variations et six Avertissements aux protestants; la Conférence avec le ministre Claude*, etc. Le 5e offre le *Traité de la Communion sous les deux espèces; la Réfutation du Catéchisme de Paul Ferri; les Statuts et Ordonnances synodales; les Instructions pastorales*, etc. Le 6e et le 7e sont presque entièrement remplis par les *Ecrits sur le quiétisme*. Le 8e, par le *Discours sur l'Histoire universelle*, et les *Oraisons funèbres*. Le 9e et le 10e présentent différents ouvrages de piété.

On trouve dans le 11ᵉ des écrits dans le même genre, et le commencement de son *Abrégé de l'Histoire de France*, dont la suite est renfermée dans le tome 12ᵉ. On a donné une suite à cette édition, en 5 vol. in 4º, renfermant la *Défense de la déclaration du clergé de France, sur la puissance ecclésiastique*, en latin avec une traduction en français, par l'abbé Le Roy, ci-devant de l'Oratoire. Svardi prouve assez bien que cette défense, telle que nous l'avons, n'est pas de Bossuet, quoiqu'il soit vrai qu'il ait fait un ouvrage sur ce sujet, revu et beaucoup changé quelque temps avant sa mort. Il y avait, comme l'annonce M. d'Aguesseau, une péroraison où le livre était dédié à Louis XIV, et qui ne se trouve pas dans ce que le neveu du célèbre prélat nous a donné comme l'ouvrage de son oncle.

En général, on ne peut regarder

comme étant réellement et totalement de Bossuet que les ouvrages imprimés de son vivant parce que les papiers de ce grand homme ont passé par les mains des Bénédictins jansénistes des Blancs-Manteaux, qui les tenaient de l'évêque de Troyes, dévoué à la secte.

L'abbé Le Roy, ex-oratorien, a publié, en 1753, 3 vol. d'*OEuvres posthumes*. Le premier renferme le *Projet de réunion des Églises luthériennes de la confession d'Augsbourg avec l'Église catholique*, projet digne du zèle de Bossuet, et qu'il eut l'espoir d'amener à une heureuse issue, tant que la correspondance n'eut lieu qu'avec l'évêque de Tina et Molanus, abbé protestant de Lockum, et même d'abord avec Leibnitz qui y intervint; mais qui s'évanouit tout à coup de la part de ce dernier, vraisemblablement à cause de l'éventualité au trône d'Angleterre, en faveur de la maison de Hanovre, à laquelle Leibnitz était attaché. On trouve dans la 2ᵉ les *Traités contre Simon du Pin*, et autres ; et dans la 3ᵉ divers écrits de controverse, de morale et de théologie mystique. Plusieurs savants doutent que ces ouvrages soient sortis de la plume de Bossuet absolument tels qu'on les présente dans ce recueil.

Le style de Bossuet, sans être toutours châtié et poli, est plein de force et d'énergie. Il ne marche point sur des fleurs, mais il va rapidemeut au sublime dans les sujets qui l'exigent. Les ouvrages latins de cet auteur sont écrits d'un style assez dur ; mais les Français ne le cèdent à aucun des meilleurs écrivains. L'Académie française le compte parmi ses membres qui l'ont le plus illustrée. M. de Burigny, de l'académie des belles lettres, a publié, en 1761, la vie de Bossuet ; D. de Foris, bénédictin des Blancs-Manteaux, qui eut la principale part à la nouvelle édition, en préparait une autre, remplie sans doute des mêmes vues qui ont fait proscrire cette édition par le clergé de France.

Massillon, dans l'éloge de Monseigneur le Dauphin, a fait de Bossuet le portrait suivant : « L'homme d'un génie
» vaste et heureux, d'une candeur qui
» caractérise toujours les grandes âmes
» et les esprits du premier ordre ; l'or-
» nement de l'épiscopat, et dont le
» clergé de France se fera honneur dans
» tous les siècles ; un évêque au
» milieu de la cour ; l'homme de tous
» les talents et de toutes les sciences ;
» le docteur de toutes les églises ; la ter-
» reur de toutes les sectes, le père du
» XVIIᵉ siècle, et à qui il n'a manqué
» que d'être né dans les premiers temps,
» pour avoir été la lumière des conci-
» les, l'âme des pères assemblés, dicté

» des canons, et présidé à Nicée et à

» Éphèse. »

L'auteur de la vie de madame de
Maintenon en parle en ces termes :
« Conduit jusque dans le sanctuaire

» par sa science et par sa vertu, il en

» fut l'ornement et l'oracle. On le vit

» tout à la fois controversiste, orateur,

» historien, précepteur du grand Dau-

» phin, déployer toute la profondeur et

» l'élévation du génie dont l'homme le

» plus sublime est capable. Tantôt par-

» courant la terre entière, il en rassem-

» ble l'or et les fleurs dont il pare ses

» écrits; tantôt se répandant jusque

» dans l'immensité des cieux, il paraît

» s'associer aux suprêmes intelligen-

» ces : trop grand pour avoir de l'am-

» bition, il ne recherche que la vérité

» et le bonheur de servir les gens à ta-

» lents ; trop riche de sa propre gloire,

» il n'a besoin, pour s'illustrer, ni des

» honneurs du ministère, ni de la pour-
» pre romaine. Il anéantit les hétéro-
» doxes qu'il combat ; il rend la vie aux
» morts qu'il célèbre ; et donnant en-
» core plus d'extention à son génie
» lorsqu'il le resserre que lorsqu'il l'é-
» tend, il renferme l'histoire de l'uni-
» vers dans un discours de quelques
» pages, où la majesté du style répond
» à toute la grandeur du sujet. »

On sent bien que la calomnie n'a pas plus épargné cet illustre prélat que tant d'autres hommes distingués par leur religion, leurs vertus, et surtout par leur zèle contre les vices et les erreurs.

Le plus beau monument élevé à la mémoire de Bossuet, celui qui contribuera le plus à sa gloire, est sans contredit la belle histoire de sa vie, composée sur les manuscrits originaux, par S. Em. Mgr le cardinal de Bausset.

BOURDALOUE.

Bourdaloue (Louis), né à Bourges en 1632, prit l'habit de jésuite en 1648. Ses heureuses dispositions pour l'éloquence engagèrent ses supérieurs à le faire passer de la province à la capitale. Les chaires de Paris retentirent de ses sermons. Son nom pénétra bientôt à la cour. Louis XIV ayant voulu l'entendre, il débuta par l'avent de 1670. I prêcha avec tant de succès qu'on le redemanda pour le carême de 1672, 1674, 1675, 1680, 1682, et pour les avents de 1684, 1686, 1689, 1691 et 1695. On l'appelait le roi des prédicateurs, et le prédicateur des rois. Louis XIV voulut l'entendre tous les deux ans, aimant mieux, disait-il, ses redites que les choses nouvelles d'un autre.

Ses succès furent les mêmes en province qu'à Paris et à la cour. A Montpellier, où le roi l'envoya, en 1686, pour faire goûter la religion catholique par ses sermons et ses exemples, il eut les suffrages des catholiques et des nouveaux convertis.

Sur la fin de ses jours, Bourdaloue abandonna la chaire et se voua aux assemblées de charité, aux prisons ; se faisant petit avec le peuple autant qu'il était sublime avec les grands. Il avait un talent particulier pour assister et conso-

ler les malades. On le vit souvent passer de la chaire au lit d'un moribond.

Bourdaloue mourut le 13 mai 1704,
admiré de son siècle, et respecté même
des ennemis des jésuites. Sa conduite
était, dit un auteur estimé, la meilleure
réputation des *Lettres provinciales.*

Le père Bretonneau, son confrère ,
donna deux éditions de ses ouvrages,
commencés en 1707 par Rigaud, direc-
teur de l'imprimerie royale. Bourdaloue
soutint toujours la liberté de son ministère, et n'en avilit jamais la dignité.
Nulle considération ne fut capable d'al-
térer sa franchise et sa sincérité. Ses
manières étaient simples, modestes et
prévenantes ; mais son âme était pleine
de vigueur.

« Tantôt élevé, tantôt simple, dit
» l'auteur de la décadence des lettres et
» des mœurs, toujours noble et jamais
» familier, il se met à la portée de l'es-